Diplôme d'honneur. Médaille personnelle. G. médaille d'honneur. Médaille d'Or

EXPOSITION UNIVERSELLE

DE

PARIS — 1867

EXTRAIT

Des certificats délivrés à M. LACAROLE FILS aux

Expositions ci-après :

Exposition de Montpellier, en 1860

Exposition de Marseille, en 1861

Exposition universelle de Londres, en . . 1862

Exposition de Nîmes, en 1863

Exposition d'Angers, en 1864

Exposition de Nice, en 1865

Exposition de Toulouse, en 1865

EXPOSITION UNIVERSELLE

DE 1867

EMMAGASINAGE DES CAISSES VIDES

Suivant projet agréé par M. le Commissaire général de l'Exposition universelle de 1867.

MONSIEUR,

Il arrive toujours, à la fin des grandes exhibitions, que les exposants ont beaucoup de peine à retrouver, et surtout à retrouver en bon état, les caisses vides ayant servi à expédier leurs produits. Il en résulte, outre la perte matérielle des caisses, un retard dans la réception de leurs produits, retard d'autant plus considérable qu'on a mis plus de temps à retrouver ou à refaire de nouvelles caisses.

Dans le but d'obvier à ces inconvénients, nous avons eu l'honneur de soumettre un projet à *M. le Commissaire général de l'Exposition universelle de 1867*. Ce projet ayant été accueilli favorablement par M. le Commissaire général, nous venons vous faire nos offres pour l'emmagasinage de vos caisses vides.

La rétribution demandée par nous est des plus modiques, vous en jugerez par le tableau suivant :

CATÉGORIE.	2e CATÉGORIE.	3e CATÉGORIE.	4e CATÉGORIE.
CAISSES résentant un cube de 0^m01^c à 0^m24^c ci	CAISSES représentant un cube de 0^m25^c à 0^m49^c ci	CAISSES représentant un cube de 0^m50^c à 0^m74^c ci	CAISSES représentant un cube de 0^m75^c à 1^m00^c ci

Moyennant cette rétribution payable sans frais, à Paris, le 1ᵉʳ juin 1867, nous prenons vis-à-vis des exposants les engagements suivants :

1° Retirer de l'Exposition les caisses vides au fur et à mesure du déballage, et donner reçu aux exposants ou à leurs représentants;

2° Emmagasiner les caisses dans un lieu sûr et à l'abri des intempéries du temps, les faire assurer contre l'incendie ;

3° Les rendre en bon état à la clôture de l'Exposition, aux exposants ou à leurs représentants.

Pour les renseignements sur notre compte, veuillez vous adresser à Paris, à la commission impériale; dans les départements, auprès des commissions départementales, à qui nous avons remis un modèle type de nos certificats.

Veuillez, Monsieur, nous faire connaître, avant le 15 août prochain, la décision que vous aurez prise, afin que nous puissions nous enquérir du personnel et du local nécessaires.

Agréez, Monsieur, l'assurance de ma considération la plus distinguée.

LACAROLE Fils & Cie,

Paris, rue et Hôtel Coq-Héron.
Montpellier, 6, rue Jacques d'Aragon.

EXPOSITION UNIVERSELLE

DE

1867

Après avoir organisé, à la satisfaction générale des exposants et des administrations, les Expositions de Montpellier en 1860, Marseille 1861, Nimes 1863, Angers 1864, Nice 1865, et avoir coopéré aux Expositions de Londres 1862, Toulouse et Bordeaux 1865, je saisis cette occasion, Monsieur, pour vous offrir mes services pour vous représenter à l'Exposition de Paris en 1867.

Les nombreuses attestations qui m'ont été délivrées dans toutes ces villes et dont j'ai l'honneur de vous adresser copie, et les récompenses qui m'ont été décernées personnellement sont la plus sûre garantie de l'exactitude avec laquelle je remplis mes engagements.

Si, comme j'ai lieu de l'espérer, mes services peuvent vous être agréables, vous me trouverez toujours disposé à faire tout ce qui sera en mon pouvoir pour la défense de vos intérêts.

Je m'engage à suivre toutes les opérations relatives à l'Exposition, quelle que soit leur durée, et vous n'aurez à me compter pour ma représentation que la somme de **cent francs**, payable sans frais à Paris, savoir, la moitié le jour de l'ouverture de l'Exposition, et l'autre moitié le jour de la fermeture : vous laissant la faculté de fixer vous-même, Monsieur, la commission que vous m'allouerez sur les affaires que je pourrai traiter en votre nom.

Il est bien entendu que tous les frais de déballage, installation, classement, emmagasinage de caisses vides et le réemballage restent à votre charge sous ma surveillance.

Ma maison se composera d'un personnel nombreux et intelligent pour veiller à la défense de vos intérêts et transmettre au jury toutes les instructions que vous m'aurez fournies.

Vous pouvez prendre sur mon aptitude et ma moralité tous les renseignements désirables à Paris, au siége de la commission impériale, aux administrations et chambres de commerce de Montpellier, Marseille, Nimes, Angers, Nice, Toulouse et Bordeaux, de même qu'à tous les exposants qui ont envoyé leurs produits aux Expositions de l'organisation desquelles j'ai été chargé et que j'ai eu l'honneur de vous désigner.

Je serais heureux, Monsieur, de connaitre votre décision.

Dans cette attente,

Daignez agréer, Monsieur, l'assurance de ma considération la plus distinguée.

LACAROLE Fils.

Paris, rue et hôtel Coq-Héron
Montpellier, 6, rue Jacques-d'Aragon.

EXPOSITION DE MONTPELLIER

1860

Diplôme d'Honneur

N° 1.

Les membres des commissions, nommés pour l'organisation de l'Exposition de Montpellier, certifient que M. Lacarole fils a rempli avec zèle et intelligence les fonctions qui lui ont été confiées.

Chargé d'abord de diriger l'installation et le classement des produits exposés, M. Lacarole a constamment montré qu'il savait joindre à une activité infatigable les qualités d'un administrateur intelligent.

La tenue des livres, si difficile dans de semblables circonstances n'a jamais subi la moindre irrégularité, et de plus il a prouvé qu'il possédait des connaissances variées et solides sur la nature de divers produits industriels, connaissances indispensables pour le travail qui lui était confié.

Appelé plus tard aux fonctions d'inspecteur, M. Lacarole a su satisfaire à toutes les exigences de sa nouvelle position, et n'a jamais mérité que des éloges, tant de la part des exposants que de celle des membres des commissions.

Nous sommes heureux de pouvoir, en lui délivrant le présent certificat, le remercier du puissant concours qu'il nous a prêté pendant toute la durée de l'Exposition.

Signés :

MM. E. DOUMET, maire de Cette, député au Corps législatif, commandeur de la Légion-d'honneur, président des sections d'horticulture et des sciences naturelles à l'Exposition.

J.-E. BÉRARD, doyen à la Faculté de médecine, président du Jury de l'Exposition.

Paul GERVAIS, doyen à la Faculté des sciences, vice-président à l'Exposition.

Gustave CHANCEL, C. WOLFF, professeurs à la Faculté des sciences, membres de la Commission et du Jury.

A. MOITESSIER, C. SAINTPIERRE, professeurs agrégés à la Faculté de médecine, secrétaires des Commissions.

Paul BOUE, fondeur, membre de la Commission.

L. POUTINGON, rentier, membre de la Commission et du Jury.

J. BOULIECH, préparateur d'histoire naturelle à la Faculté des sciences, membre du Jury,

---

N° 2.

Nous soussignés, membres du comité de direction des diverses commissions et jury de l'Exposition de cette ville, certifions que M. Lacarole fils a montré beaucoup de zèle, d'activité et d'intelligence dans les divers emplois qui lui ont été confiés, soit pour l'édification des locaux, soit pour organiser la réception des produits à exposer et leur réexpédition plus tard, soit en sa qualité d'inspecteur comptable pendant la durée de cette Exposition.

Montpellier, 24 décembre 1860.

Signés :

MM. F. TEISSERENC, président au tribunal de commerce, premier adjoint au maire de Montpellier, président du comité de direction.

Auguste VASSAS, ex-président du tribunal de commerce, vice-président.

F. GLAIZE, président de la Chambre de commerce.

H. PAGEZY, secrétaire-trésorier de la Chambre de commerce, membre du Jury.

N° 3.

Nous soussignés certifions que l'Exposition de Montpellier a été faite à la satisfaction générale des exposants, et que M. Lacarole, à qui la conduite des travaux extérieurs, la direction des constructions intérieures, la réception, l'enregistrement, le déballage, le classement, la réexpédition des produits exposés, le travail préparatoire du Jury, la surveillance générale, le service de place et toute la comptabilité avaient été confiés, a fait preuve, dans tous ces travaux, d'une grande intelligence, d'une activité sans bornes et d'un zèle infatigable, qui lui a valu l'estime générale des exposants.

Montpellier, 26 décembre 1860.

Signés :

MM. Louis SAGNIER et Comp.

Baudasse CAZOTTES.

ROQUES et CAIREL FLORI.

COMPAZIEU.

Formis BENOIT.

BOUÉ.

MOITESSIER père

SIMON, ingénieur des mines.

Tous médaillés d'or à l'Eposition de Montpellier.

N° 4.

Nous soussignés, domiciliés à Marseille (Bouches-du-Rhône), ayant exposé à Montpellier, en 1860, à l'Exposition industrielle et artistique, certifions que M. Lacarole fils, ex-directeur de ladite Exposition, s'est conduit à notre égard comme un homme probe, intelligent et juste.

Nous avons surtout remarqué en lui une activité peu commune, une mémoire très-heureuse, et nous l'avons reconnu très-capable pour organiser et conduire de tels travaux.

En foi de quoi, nous lui délivrons volontiers la présente attestation pour lui servir au besoin.

Marseille, 28 décembre 1860.

Signés :

MM. J. BAILLEUX, KALIL et FOURNIER, NÉGREL et ARNAUD, SAUVE et MAGAUD, Toussaint MAUREL, F. CANQUOIN, H. PAROUTON, CAUSSEMILLE jeune, F. OUVIÈRE.

Vu pour légalisation des onze signatures ci-dessus.

Marseille, 9 janvier 1862.

Pour le Maire :

Signé ROUX
Premier adjoint.

N° 5.

Les soussignés, tous exposants au concours de 1860, à Montpellier, voulant rendre pleine et entière justice au mérite de M. Lacarole, ex-inspecteur comptable de ladite Exposition, s'empressent de lui témoigner leur reconnaissance pour les soins donnés aux marchandises, en même temps que leur régularité dans leur classement.

Ils croiraient le faire d'une manière incomplète, s'ils n'ajoutaient les plus grands éloges pour l'exactitude avec laquelle il a versé les sommes qu'il a perçues pendant sa gestion, pour les exposants qu'il était appelé à représenter personnellement, et se trouveraient heureux de le retrouver dans les concours auxquels ils seront appelés à prendre part.

Toulouse, 29 décembre 1860.

Signés :

MM. J.-B. LORMIÈRE et SOUET, P. MAYBON et C. BATISTE, A. FOURNET frères, LAURENT frères, MARTIN fils ainé, A. AFFRE, MERCIER fils, PIGNY frères, C. BADIN, C. SIMONIN, DENJEAN, J. CONTE, BADORD, CONNAC, LAPLANQUE.

N° 6.

Nous soussignés, titulaires de la grande médaille d'honneur, décernée par SA MAJESTÉ L'EMPEREUR DES FRANÇAIS, à l'Exposition de Montpellier, cette année, certifions :

Que M. Lacarole fils, désigné par M. le Maire de cette ville pour diriger tout ce qui était relatif à l'Exposition, soit pour la construction du palais de l'industrie, la réception, le classement, la réexpédition des objets, la surveillance générale et la comptabilité, a su par son aptitude vaincre tous les obstacles, et l'activité et l'intelligence qu'il a déployées, lui ont acquis, à juste titre, l'estime et la considération générale des exposants, qui reconnaissent en lui toutes les qualités nécessaires à un homme capable, non-seulement de bien organiser une exposition, mais aussi de la conduire à bonne fin à la satisfaction générale.

Montpellier, 30 décembre 1860.

Signé : FAULQUIER cadet et Comp.

N° 7.

Les soussignés, tous exposants aux concours de Montpellier en 1860, pleinement satisfaits de l'aptitude et de l'exactitude avec laquelle M. Lacarole a bien voulu classer leurs produits, viennent lui en témoigner leur reconnaissance ; ils ne sauraient trouver d'expression assez flatteuse, pour le dédommager des peines qu'il a prises, et des soins qu'il a donnés à tous les produits, pendant toute la durée de cette Exposition : ce qui lui a valu à juste titre l'estime et la considération publique.

Nîmes, le 30 décembre 1860.

Signés :

MM. BERNASSAU cousin, Auguste COQUINET, E. CARLES-BERGERET, SEGUIN, CORDET et POCHEVILLE, F. VALLA, AUMERAS, GARDET, CRESPON, PARIS.

EXPOSITION DE MARSEILLE

1861

N° 8.

Extrait de la Gazette du Midi, 20 *juin* 1861.

AU RÉDACTEUR

Monsieur,

Maintenant que les galeries de notre Exposition sont complétement organisées, c'est un devoir et un acte de justice de la part des exposants, de venir témoigner leur reconnaissance à M. le président et à MM. les membres de la commission.

Ils doivent aussi de bien sincères remercîments à M. Lacarole, qui a fait preuve de tant de dévoûment et d'intelligence dans le classement des objets présentés au public.

M. Lacarole, déjà bien connu pour son talent d'organisateur, a ait voir une fois de plus, à Marseille, ce que peut une volonté ferme et le désir de satisfaire à la juste impatience des exposants, qui par malheur n'avaient pu être que tardivement prévenus.

Il faut avoir vu le chaos des premiers jours pour se faire une juste idée de l'activité que l'on a eu à déployer, pour donner une forme satisfaisante à l'exhibition de tant de produits différents.

Je crois, Monsieur le Rédacteur, exprimer la pensée et les sentiments intimes de tous les exposants en offrant à M. Lacarole l'expression de leur gratitude et appelant l'attention de l'autorité sur celui qui a donné, dans cette occasion, de si belles preuves de dévoûment et d'intelligence.

Veuillez agréer, etc.

Signés : E. ROZAN, CAUVIÈRE.

N° 9.

Extrait du Sémaphore, *de Marseille,* 2 *juillet* 1861.

Après avoir parlé de l'état-major général de l'Exposition, n'oublions pas le personnel.

L'inspecteur, M. Lacarole, a rempli l'an dernier à Montpellier, à la satisfaction générale, les fonctions analogues à celles qu'on lui a confiées à Marseille.

Elles ne pouvaient être remises à un agent plus capable. M. Lacarole se multiplie pour répondre à toutes les questions. Il est prêt à vous donner les renseignements qui vous intéressent. Vous le trouvez partout où sa présence est nécessaire. Il n'obéit qu'à la consigne donnée par le règlement.

Sourd à toutes les cajoleries, calme devant l'irritation, M. Lacarole est d'une impartialité que nulle considération ne peut mettre en défaut.

Avec lui, l'exposant n'a pas à redouter que l'on ait des préférences pour son concurrent.

Justice avant tout, telle est sa devise.

Signé ; MERMET,
Professeur de chimie au lycée.

N° 10.

Les soussignés, membres de la commission de l'Exposition industrielle, qui a eu lieu cette année à Marseille (Bouches-du-Rhône),

Certifient que M. Lacarole fils, de Montpellier, qui avait été chargé de la réception, du déballage, du classement, de la surveillance et de la réexpédition des produits, ainsi que de la comptabilité, a fait preuve, dans la conduite de ces travaux, d'une activité et d'une aptitude qui lui ont acquis la bienveillance de la commission, la reconnaissance des exposants.

Marseille, 31 décembre 1861.

Signés :

MM. J.-B. PASTRÉ, président de la Chambre de commerce, président de la Commission.

A. ARMAND, vice-président de la Chambre de commerce, administrateur des forges et chantiers de la Méditerranée, vice-président de la Commission.

Jules GIMMIG, président du tribunal de commerce, président du Jury.

MORREN, doyen à la Faculté des sciences, secrétaire de la Commission.

F.-A. FAVRE, professeur à la Faculté des sciences.

REGIS aîné, négociant-armateur.

Alphonse GRANDVAL. négociant-raffineur.

Ch. GOUNELLE, négociant.

DAUMAS D'ALLÉON, négociant.

F. MAIFREDY. négociant.

Marc. GUILLEM, négociant.

T. MAUREL, fondeur.

S. JOANNIS, constructeur.

A. BLANQUI, tapissier.

EXPOSITION UNIVERSELLE

DE LONDRES

1862

Médaille personnelle

N° 11.

Je puis certifier que M. Lacarole a mis le plus grand zèle à s'occuper de l'installation des produits confiés à ses soins, et qu'il n'a été, sous ce rapport, surpassé par aucun autre agent représentant.

Londres, hôtel Cromwel-Road, 9 juin 1862.

Le chef de service d'installation,

Signé : Ad. FOCILLON.

Londres, hôtel Cromwell-Road, 20 août 1862.

N° 12.

Londres, hôtel Cromwell-Road, 20 août 1862.

Le Conseiller-d'État, Conseiller général,

Certifie que M. Lacarole a rempli avec zèle et intelligence les fonctions que lui avaient confiées plusieurs exposants français au palais de Londres, en le chargeant de les représenter, et qu'il a prêté un concours utile et dévoué à la commission impériale.

Le conseiller d'État, commissaire général,

Signé : **J. LE PLAY.**

Londres, hôtel Cromwel-Road, 20 août 1862.

Monsieur le Maire,

J'apprends que la ville de Nîmes prépare en ce moment une Exposition.

Je saisis cette occasion pour vous recommander M. Lacarole, qui, originaire du Midi, a été déjà employé dans les diverses Expositions qui ont eu lieu dans les départements méridionaux.

M. Lacarole, qui représentait à Londres une partie des exposants français, s'est acquitté de sa mission avec un zèle et une intelligence remarquable, et je suis certain que vous serez très-satisfait de lui si vous avez recours à ses services.

Recevez, Monsieur le Maire, l'assurance de ma considération la plus distinguée.

Le conseiller-d'État, commissaire général

Signé : **J. LE PLAY.**

N° 13.

Paris, Palais de l'Industrie, 15 juin 1863.

Monsieur,

J'ai l'honneur de vous adresser, de la part de Son Altesse impériale, Mgr le Prince Napoléon, la médaille commémorative de l'Exposition universelle de 1862, qui vous a été décernée par la commission impériale.

Je suis également chargé de vous remercier, au nom de la commission impériale, de l'utile concours que vous avez bien voulu lui prêter avec un zèle si soutenu.

Le conseiller-d'État, commissaire général,

Signé : **J. LE PLAY.**

A Monsieur Lacarole fils, à Montpellier.

EXPOSITION DE NIMES

1863

Médaille d'Argent
1re CLASSE

N° 14.

Le soussigné, président de la minéralogie à l'Exposition de Nîmes, voulant rendre pleine et entière justice au mérite de M. Lacarole fils, se fait un plaisir et un devoir de déclarer, qu'après l'avoir vu à l'œuvre aux Expositions de Montpellier 1860, Marseille 1861, et Nîmes 1863, reconnaît qu'on trouverait difficilement un homme réunissant tous les avantages qu'offre ce dernier.

M. Lacarole semble né pour ces sortes de travaux. Il joint à une grande aptitude un zèle au-dessus de tout éloge. Possédant une intelligence remarquable et une mémoire hors ligne, il n'en est pas moins excessivement laborieux.

Par son dévoûment, il sait satisfaire toutes les exigences et s'attirer la sympathie, non-seulement des exposants, mais encore de toutes les personnes qui sont en rapport avec lui ; car son plus grand mérite est de méconnaître la préférence dans le classement des produits.

La réception, la réexpédition, ainsi que le déballage et le réemballage des produits, qui, dans toutes les Expositions, offrent tant de difficultés, sont pour lui faciles ; car il n'est dans sa véritable sphère que quand il est surchargé de travail.

Il serait à désirer, tant dans l'intérêt public que dans celui de la commission française, que l'expérience de M. Lacarole fût mise à profit dans les grandes Expositions.

J'ai la ferme conviction qu'il remplirait sa mission à la satisfaction générale.

Signé : Emilien DUMAS,

Président de la section minéralogique à l'Exposition de Nîmes 1863.

N° 15.

Le soussigné, vice-président et rapporteur général pour l'Exposition de Montpellier, membre de la commission d'histoire naturelle pour l'Exposition de Nîmes, joint son témoignage à celui de M. Emilien Dumas, et certifie la parfaite aptitude de M. Lacarole, comme agent ordonnateur dans les Expositions industrielles.

Signé : Paul GERVAIS,

Doyen à la Faculté des sciences de Montpellier.

N° 16.

L'ingénieur en chef des ponts et chaussées, soussigné, président de la commission chargée d'organiser l'Exposition des produits de l'industrie à Nîmes pendant l'année 1863, se fait un plaisir et un devoir de déclarer que M. Auguste Lacarole fils, auquel les fonctions de commissaire-général ont été confiées pendant la durée de l'Exposition, a constamment obtenu, dans cet emploi, l'entière approbation de la commission et du public.

Son caractère à la fois conciliant et ferme, l'expérience précédemment acquise par lui dans plusieurs Expositions de province, et en dernier lieu à l'Exposition universelle de Londres, la parfaite connaissance qu'il a de tous les produits et des exposants eux-mêmes, lui donnent les moyens d'exécuter vite et bien ce qui nécessiterait pour d'autres un long et pénible travail.

Le soussigné certifie d'ailleurs que l'ordre le plus parfait a constamment régné, non-seulement dans tous les détails de la réception des produits et de leur classification première, mais aussi, ce qui est beaucoup plus rare encore, pendant toute la durée des réexpéditions.

Il croit, en conséquence, rendre un véritable service à ceux qui seront chargés désormais d'organiser de nouvelles Expositions, en leur recommandant M. Lacarole de la manière la plus formelle, bien persuadé d'avance qu'ils n'auront qu'à se louer de son active coopération.

En foi de quoi, il a délivré le présent certificat.

Nîmes, 22 septembre 1863.

L'ingénieur en chef, président de la Commission industrielle,
Signé : AURÈS.

N° 17

Le Préfet du Gard,

Certifie que M. Lacarole fils a été chargé des fonctions de commissaire-général de l'Exposition qui a eu lieu à Nîmes en 1863 ;

Qu'à ce titre, il a eu à s'occuper de tous les détails de l'Exposition, et qu'il a rempli sa tâche avec une intelligence, un zèle et une activité remarquables.

L'administration a été constamment satisfaite de son service sous tous les rapports, et se plaît à le signaler aux autres administrations qui auraient à organiser des Expositions, comme pouvant leur être essentiellement utile.

Nîmes, le 1er octobre 1863.

Le Préfet du Gard,
Signé : Baron DIILIMBERT.

N° 18.

Le Maire de la ville de Nîmes, chevalier de la Légion-d'Honneur,

Certifie que M. Lacarole fils, de Montpellier, a été chargé offi-ciellement par l'administration municipale d'organiser l'Expo-sition industrielle de Nîmes en 1863, sous le titre d'ordonnateur général ;

Que ces fonctions lui ont été attribuées sur le compte rendu authentique des excellents services rendus par M. Lacarole, à l'occasion des concours analogues tenus dans les villes de Mont-pellier, Marseille, Londres, etc.

Que M. Lacarole s'est acquitté de sa tâche pénible et délicate avec un zèle et une intelligence remarquables, et au-delà de tout éloge ;

Que l'administration a pu constater combien était précieuse l'expérience acquise par M. Lacarole au point de vue de la récep-tion, du classement et de l'installation des produits, et que la spé-cialité de ses connaissances en matière de commerce et d'indus-trie, les relations qu'il a établies depuis longtemps avec les pro-ducteurs de toute nature, l'activité qu'il déploie dans tous les détails, en font un auxiliaire presque indispensable pour les mu-nicipalités auxquelles incombe l'organisation d'une Exposition.

Fait à l'Hôtel-de-Ville.

Nîmes, le 2 décembre 1863.

Le Maire,
Signé : PARADAN.

N° 19.

Nîmes, le 4 décembre 1863.

Monsieur,

J'ai eu plusieurs fois l'occasion, dans le courant des opérations de toute nature, qui ont appelé votre participation à l'organisation des Expositions annexées au concours régional de 1863, de vous faire connaître combien j'avais apprécié votre science des détails, votre zèle et votre actif dévoûment.

En témoignage de cette satisfaction, je vous prie de vouloir bien agréer un exemplaire de la médaille honorifique, en argent, grand module, que la ville de Nimes a fait frapper pour conserver le souvenir de la solennité industrielle de 1863.

Recevez, Monsieur, l'assurance de ma considération très-distinguée.

Le Maire de Nimes,
Signé : PARADAN.

Monsieur Lacarole fils, à Montpellier.

EXPOSITION D'ANGERS
1864

N° 20.

Extrait du Journal l'Exhibition, *dit l'*Union Industrielle
12 Juillet 1865.

L'Exposition d'Angers a été remarquablement conduite ; mais nous devons la justice à son honorable président, M. Lainé-Laroche, de reconnaître que c'est à lui que revient la plus grande part du succès. Il a su consacrer ses soins et ses efforts à cette œuvre si difficile et si complexe qu'on appelle Exposition, et il a su réussir.

Ajoutons aussi, pour rendre à chacun ce qui lui est dû, qu'en s'adjoignant comme auxiliaire pratique M. Lacarole, il a fait le plus heureux choix ; car M. Lacarole, dans ses récentes fonctions de commissaire général de l'Exposition d'Angers, a su confirmer l'opinion qu'on s'était faite, dans d'autres occasions analogues, sur ses capacités spéciales pour ce genre d'organisation, qui sera toujours la pierre de touche de tous les promoteurs d'Exposition : activité incessante, lucidité d'observation, ordre parfait dans l'exécution, telles sont les qualités que nous lui reconnaissons : il n'en fait ni moins ni trop, et ne s'écarte jamais d'une courtoise fermeté.

Signé : LESUEUR.

N° 21.

Le président de la commission générale d'organisation de l'Exposition d'Angers en 1864, soussigné, se fait un devoir de remettre à M. Lacarole fils, commissaire général de l'Exposition, l'attestation suivante :

Pendant les cinq mois que M. Lacarole a consacré à la réception et à l'enregistrement des demandes d'admission, à la réception et au classement des produits, à leur conservation et à leur réexpédition : enfin, à la comptabilité de l'Exposition, son activité, son zèle, son esprit d'ordre, son intelligence dans ces sortes d'opérations ne se sont pas démenties un instant.

M. Lacarole a constamment fait preuve de déférence aux ordres de la direction, de complaisance et d'impartialité envers tous les exposants, et de dévoûment au succès de l'entreprise.

Angers, le 21 juillet 1864.

Le président de la Chambre de commerce d'Angers
président de l'Exposition de 1864

Signé : LAINÉ-LAROCHE.

EXPOSITION DE NICE

1865

Médaille d'Or

N° 22.

Nice, le 26 mai 1865.

Monsieur,

Je m'empresse de vous adresser le certificat constatant que vous avez coopéré, à la satisfaction de l'administration, à l'organisation des Expositions qui ont eu lieu à Nice en 1865.

Je vous transmets, comme témoignage particulier de cette satisfaction, une médaille d'or rappelant l'Exposition de la ville de Nice, qui était appelée pour la première fois à être le siége d'un concours régional.

Veuillez agréer, Monsieur, l'assurance de ma considération très-distinguée.

Le Maire de Nice,
Signé : MALAUSSENA.

M. Lacarole fils, à Montpellier.

N° 23.

Le Maire de Nice, officier de la Légion-d'honneur,

Certifie que M. Lacarole fils (Auguste) appelé à Nice par l'administration municipale, pour l'organisation et le classement des produits envoyés aux Expositions industrielle, agricole et horticole, annexées au concours régional qui a eu lieu à Nice en 1865, s'est acquitté de sa mission avec zèle, intelligence et activité ;

Que l'administration a été très-satisfaite de la coopération prêtée par M. Lacarole en cette circonstance, et des utiles renseignements que ses connaissances spéciales l'ont mis à même de fournir.

Fait à Nice, le 26 mai 1865.

Le Maire,
Signé : MALAUSSENA.

N° 24.

L'ingénieur en chef des ponts et chaussées, soussigné, président de la commission chargée d'organiser l'Exposition des produits de l'industrie à Nîmes, pendant l'année 1863, se fait un plaisir et un devoir de constater que M. Auguste Lacarole fils, auquel les fonctions de commissaire-général ont été confiées pendant toute la durée de l'Exposition, a constamment obtenu dans cet emploi l'entière approbation de la commission et du public.

Son caractère à la fois conciliant et ferme, l'expérience précédemment acquise par lui dans plusieurs Expositions de province, et en dernier lieu à l'Exposition universelle de Londres, la parfaite connaissance qu'il a de tous les produits exposés et des exposants eux-mêmes, lui donnent le moyen d'exécuter vite et bien ce qui nécessiterait pour d'autres un long et pénible travail.

Le soussigné certifie d'ailleurs que l'ordre le plus parfait a constamment régné, non-seulement dans tous les détails de la réception des produits et de leur classification première ; mais aussi, ce qui est beaucoup plus rare encore, pendant toute la durée des réexpéditions.

Il croit, en conséquence, rendre un véritable service à tous ceux qui seront chargés désormais d'organiser des Expositions nouvelles, en leur recommandant M. Lacarole de la manière la plus formelle, bien persuadé d'avance qu'ils n'auront qu'à se louer de son active coopération.

En foi de quoi, il a délivré le présent.

Nîmes, 22 septembre 1863.

L'ingénieur en chef, président de la commission
Signé : AURES.

Pour copie conforme :
Signé : CONTE-GRANDCHAMP.

L'ingénieur en chef des ponts et chaussées, président de la commission chargée d'organiser le concours régional de Nice, se fait un devoir de déclarer avec M. Aurès, dont le certificat est ci-joint, que M. Lacarole, appelé à Nice pour y exercer les fonctions de commissaire de l'Exposition, y a rendu les plus grands services, et s'est acquitté de sa mission avec un zèle et un dévoûment dignes d'éloges. Il a organisé parfaitement l'Exposition industrielle, les produits spéciaux à chaque industrie ont été très-heureusement groupés dans des salles particulières, et disposés de manière à être facilement examinés par les visiteurs.

La comptabilité a été tenue avec le plus grand soin. En un mot, M. Lacarole s'est acquitté de ses fonctions à la satisfaction générale, et tous les présidents des commissions ont apprécié son activité, son intelligence et son esprit pratique.

En foi de quoi, le soussigné a délivré le présent certificat.

Nice, 28 mai 1865.

Signé : CONTE-GRANDCHAMP.

N° 25.

Nice, le 29 mai 1865.

Monsieur l'Ingénieur en Chef.

Monsieur l'ingénieur en chef,

J'ai l'honneur de vous renvoyer le certificat concernant M. Lacarole que vous m'avez envoyé.

J'adopte ce certificat et m'associe volontiers aux éloges qu'il contient en faveur de M. Lacarole ; mais ayant déjà moi-même délivré et transmis à ce dernier un certificat de même nature, je crois inutile d'approuver celui que vous avez préparé.

Veuillez agréer, Monsieur l'ingénieur en chef, l'assurance de ma considération la plus distinguée.

Le Maire,
Signé : MALAUSSENA.

N° 26.

Mairie de Toulouse. — Exposition 1865.

Toulouse, le 11 septembre 1865.

Je soussigné, certifie que M. Lacarole fils, représentant à l'Exposition de Toulouse, a rempli la mission qui lui avait été confiée par de nombreux exposants avec autant de zèle que d'intelligence.

Il s'est fait remarquer par son assiduité et par les soins qu'il donnait aux produits de ses commettants.

Les renseignements fournis par M. Lacarole aux diverses commissions ont été très-utiles.

Nous le considérons comme un réprésentant capable et consciencieux.

En foi de quoi, nous lui délivrons le présent certificat.

Le vice-président de l'Exposition,
Signé : E. BRASSINE.

PARIS. — IMP. DE VICTOR GOUPY, RUE GARANCIÈRE, 5.